Das Hohelied der Liebe

Das Hohelied der Liebe

nach der Übersetzung
Martin Luthers

collection b

ISBN 3-438-04466-8

Bibeltext: Lutherbibel, revidierte Fassung 1984,
durchgesehene Ausgabe in neuer Rechtschreibung 1999
Miniaturen aus der Bibelausgabe »Borso d'Este«
(Ms. V.G. 13 = Lat. 423). Mit Genehmigung des
Minstero per i Beni Culturali e Ambientali.

Italienische Originalausgabe unter dem Titel:
Canto d'Amore. Il Cantico dei Cantici

Piazza Soncino, 5 – 20092 Cinisello Balsamo (Milano)

Printed in Italy

Die kleine Schrift, deren Name wörtlich übersetzt »Das Lied der Lieder«, d. h. »Das schönste Lied« bedeutet, ist eine Sammlung von Liedern, in denen die Liebe zwischen Mann und Frau in einer Weise besungen wird, dass sie uns heute noch unmittelbar berühren. Eine solche Sammlung in der Bibel zu finden, hat zu allen Zeiten Erstaunen verursacht. Aber die Liebe zwischen Mann und Frau ist ein Geschenk Gottes, und darum hat das Hohelied als Ausdruck dieser Liebe seinen Platz auch in der Bibel. Hier singen zwei Liebende, die voll Vertrauen auf Gottes Güte sind, ein Loblied auf die wunderbare Schöpfung, die sich in der Begegnung von Mann und Frau vollendet (1. Mose 2,23-25). Sie kennen das Aufgehobensein des einen beim andern und darum auch die gemeinsame Geborgenheit in Gottes Allmacht und Güte. So wird das Lied der Liebenden zum Lobpreis der Schöpfung auf ihren Urheber und Erhalter.
Nach biblischem Verständnis ist die Liebe zwischen Mann und Frau aber auch Abbild der Beziehung zwischen Gott und Mensch. Davon ausgehend wurde das Hohelied in der Synagoge auf die Beziehung zwischen Gott und seinem Volk Israel gedeutet – Rabbi Akiba

sagt: »Alle Schriften sind heilig, aber das Lied der Lieder ist das heiligste« – und in der Kirche seit Origenes auf die Beziehung zwischen Christus und der Gemeinde oder der Seele des Einzelnen, was dann bei Bernhard von Clairvaux seine höchste Blüte erreichte. Verschiedentlich hat man versucht, im Hohenlied eine Art Drama zu sehen oder ein Singspiel, das im Rahmen von Hochzeitsfeierlichkeiten aufgeführt wurde, was bei der im Allgemeinen einwöchigen Dauer einer orientalischen Hochzeit durchaus denkbar wäre. Während einer solchen Feier schlüpfen Braut und Bräutigam in die Rolle eines königlichen Paares, dem die Gäste mit bunten Darbietungen huldigen. Einer der Höhepunkte ist dann die Krönung des Bräutigams zum König, eine Nacht lang darf er »Salomo« sein. Die Überschrift nennt den König Salomo als Verfasser des Buches, dadurch wird deutlich gemacht, dass diese Schrift zur Gruppe der Weisheitsbücher gehört. Salomo galt in der israelitischen Tradition als der beispielhafte Weisheitslehrer und Dichter. Sicher kann man den unbekannten Herausgeber dieser Sammlung von Liebesliedern unter den Gelehrten des königlichen Hofes suchen, die damals solche Texte verfassten oder sammelten. Der Name Salomos trug maßgeblich zur hohen Wertschätzung des Buches bei. Die Rabbinen setzten das Hohelied an das Ende der Lesungen am Passafest, als die immer erneuerte Verheißung der Rückkehr aus dem Exil.

Jede Gliederung des Hohenliedes kann nur ein Versuch sein, weil der hebräische Text keine Angaben über die jeweiligen Sprecher enthält und diese jedesmal aus dem Inhalt der Lieder erschlossen werden müssen, was nicht immer mit Sicherheit möglich ist.

Das Hohelied, hier in Martin Luthers meisterhafter Übersetzung dargeboten, ist ein Liebeslied. Es ist die »Geschichte des menschlichen Herzens in der Welt unter Gott; die Antwort eines Lebens, das begreift, dass wir geschaffen sind dazu, ›du‹ zu sagen – in ungeteilter Kraft« (Albrecht Goes). Und dieses ›du‹ ist uns der nächste, der geliebte Mensch – und ist uns Gott.

Wir preisen deine Liebe

Denn wisse, Kind,
es gibt in alle Ewigkeit
nur eine Liebe,
die stammt vom Himmel,
auch wenn diese Welt
sie irdisch nennt –
Gott nimmt sie an,
als wäre sie ihm selber dargeboten.

Gertrud von le Fort

Das Hohelied Salomos.

ZIEH MICH DIR NACH!

Er küsse mich mit dem Kusse seines Mundes;
denn deine Liebe ist lieblicher als Wein.
Es riechen deine Salben köstlich;
dein Name ist eine ausgeschüttete Salbe,
darum lieben dich die Mädchen.
Zieh mich dir nach, so wollen wir laufen.
Der König führte mich in seine Kammern.

Wir wollen uns freuen und fröhlich sein
über dich;
wir preisen deine Liebe mehr als den Wein.
Herzlich lieben sie dich.

Die Liebe ist sein Zeichen
über mir

Das Mädchen vom Land

Ich bin braun, aber gar lieblich,
ihr Töchter Jerusalems,
wie die Zelte Kedars,
wie die Teppiche Salomos.
Seht mich nicht an, dass ich so braun bin;
denn die Sonne hat mich so verbrannt.
Meiner Mutter Söhne zürnten mit mir.
Sie haben mich zur Hüterin der Weinberge
gesetzt;
aber meinen eigenen Weinberg habe ich
nicht behütet.

Die Hirtin

Sage mir an, du, den meine Seele liebt,
wo du weidest, wo du ruhst am Mittag,
damit ich nicht herumlaufen muss
bei den Herden deiner Gesellen.

Weißt du es nicht,
du Schönste unter den Frauen,
so geh hinaus auf die Spuren der Schafe
und weide deine Zicklein bei den Zelten
der Hirten.

Zwiesprache der Liebenden

Ich vergleiche dich, meine Freundin,
einer Stute an den Wagen des Pharao.
Deine Wangen sind lieblich mit den Kettchen
und dein Hals mit den Perlenschnüren.
Wir wollen dir goldene Kettchen machen
mit kleinen silbernen Kugeln.

Als der König sich herwandte,
gab meine Narde ihren Duft.
Mein Freund ist mir ein Büschel Myrrhen,
das zwischen meinen Brüsten hängt.
Mein Freund ist mir eine Traube
    von Zyperblumen
in den Weingärten von En-Gedi.

Siehe, meine Freundin, du bist schön;
schön bist du, deine Augen sind
    wie Taubenaugen.

Siehe, mein Freund, du bist schön
und lieblich.
Unser Lager ist grün.
Die Balken unserer Häuser sind Zedern,
unsere Täfelung Zypressen.

Liebe sieht alles schöner

Ich bin eine Blume in Scharon
und eine Lilie im Tal.

Wie eine Lilie unter den Dornen,
so ist meine Freundin unter den Mädchen.

Wie ein Apfelbaum unter den wilden Bäumen,
so ist mein Freund unter den Jünglingen.
Unter seinem Schatten zu sitzen begehre ich,
und seine Frucht ist meinem Gaumen süß.

Krank vor Liebe

Er führt mich in den Weinkeller,
und die Liebe ist sein Zeichen über mir.
Er erquickt mich mit Traubenkuchen
und labt mich mit Äpfeln;
denn ich bin krank vor Liebe.
Seine Linke liegt unter meinem Haupte,
und seine Rechte herzt mich.

Ich beschwöre euch, ihr Töchter Jerusalems,
bei den Gazellen oder bei den Hinden
    auf dem Felde,
dass ihr die Liebe nicht aufweckt
    und nicht stört,
bis es ihr selbst gefällt.

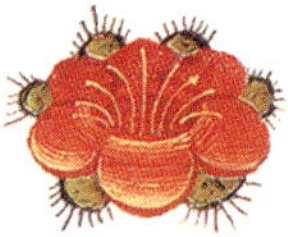

Da ist die Stimme
meines Freundes!

Der Winter ist vergangen

Da ist die Stimme meines Freundes!
Siehe, er kommt
und hüpft über die Berge
und springt über die Hügel.
Mein Freund gleicht einer Gazelle
oder einem jungen Hirsch.
Siehe, er steht hinter unsrer Wand
und sieht durchs Fenster und blickt
    durchs Gitter.
Mein Freund antwortet und spricht zu mir:

Steh auf, meine Freundin, meine Schöne,
 und komm her!
Denn siehe, der Winter ist vergangen,
der Regen ist vorbei und dahin.
Die Blumen sind aufgegangen im Lande,
der Lenz ist herbeigekommen,
und die Turteltaube lässt sich hören in
 unserm Lande.
Der Feigenbaum hat Knoten gewonnen,
und die Reben duften mit ihren Blüten.
Steh auf, meine Freundin, und komm,
meine Schöne, komm her!
Meine Taube in den Felsklüften,
im Versteck der Felswand,
zeige mir deine Gestalt,
lass mich hören deine Stimme;
denn deine Stimme ist süß,
und deine Gestalt ist lieblich.

Fangt uns die Füchse, die kleinen Füchse,
die die Weinberge verderben;
denn unsere Weinberge haben Blüten
bekommen.

Mein Freund ist mein und ich bin sein,
der unter den Lilien weidet.
Bis der Tag kühl wird
und die Schatten schwinden,
wende dich her gleich einer Gazelle,
mein Freund,
oder gleich einem jungen Hirsch
auf den Balsambergen.

NACHTGEDANKEN

Des Nachts auf meinem Lager suchte ich,
den meine Seele liebt.
Ich suchte; aber ich fand ihn nicht.
Ich will aufstehen und in der Stadt umhergehen
auf den Gassen und Straßen
und suchen, den meine Seele liebt.
Ich suchte; aber ich fand ihn nicht.
Es fanden mich die Wächter,
die in der Stadt umhergehen:
»Habt ihr nicht gesehen, den meine
Seele liebt?«

Als ich ein wenig an ihnen vorüber war,
da fand ich, den meine Seele liebt.
Ich hielt ihn und ließ ihn nicht los,
bis ich ihn brachte in meiner Mutter Haus,
in die Kammer derer, die mich geboren hat. –
Ich beschwöre euch, ihr Töchter Jerusalems,
bei den Gazellen oder bei den Hinden
    auf dem Felde,
dass ihr die Liebe nicht aufweckt
    und nicht stört,
bis es ihr selbst gefällt.

Ein Born
lebendigen Wassers

Einholung der Braut

Was steigt da herauf aus der Wüste
wie ein gerader Rauch,
wie ein Duft von Myrrhe, Weihrauch
und allerlei Gewürz des Krämers?
Siehe, es ist die Sänfte Salomos;
sechzig Starke sind um sie her von den Starken
in Israel.
Alle halten sie Schwerter
und sind geübt im Kampf;
ein jeder hat sein Schwert an der Hüfte
gegen die Schrecken der Nacht.

Der König Salomo ließ sich eine Sänfte
machen
aus Holz vom Libanon.
Ihre Säulen machte er aus Silber,
ihre Lehnen aus Gold,
ihren Sitz mit Purpur bezogen,
ihr Inneres mit Ebenholz eingelegt. –
Ihr Töchter Jerusalems, kommt heraus
und seht, ihr Töchter Zions,
den König Salomo mit der Krone,
mit der ihn seine Mutter gekrönt hat
am Tage seiner Hochzeit,
am Tage der Freude seines Herzens.

Du bist schön, meine Freundin!

Siehe, meine Freundin, du bist schön!
Siehe, schön bist du!
Deine Augen sind wie Taubenaugen
hinter deinem Schleier.
Dein Haar ist wie eine Herde Ziegen,
die herabsteigen vom Gebirge Gilead.
Deine Zähne sind wie eine Herde
    geschorener Schafe,
die aus der Schwemme kommen;
alle haben sie Zwillinge,
und keines unter ihnen ist unfruchtbar.
Deine Lippen sind wie eine
    scharlachfarbene Schnur,
und dein Mund ist lieblich.

Deine Schläfen sind hinter deinem Schleier
wie eine Scheibe vom Granatapfel.
Dein Hals ist wie der Turm Davids,
mit Brustwehr gebaut,
an der tausend Schilde hangen,
lauter Schilde der Starken.
Deine beiden Brüste sind wie junge
    Zwillinge von Gazellen,
die unter den Lilien weiden.
Bis der Tag kühl wird
und die Schatten schwinden,
will ich zum Myrrhenberge gehen
und zum Weihrauchhügel.
Du bist wunderbar schön, meine Freundin,
und kein Makel ist an dir.

Komm mit mir!

Komm mit mir, meine Braut, vom Libanon,
komm mit mir vom Libanon,
steig herab von der Höhe des Amana,
von der Höhe des Senir und Hermon,
von den Wohnungen der Löwen,
von den Bergen der Leoparden!

Liebeszauber

Du hast mir das Herz genommen,
meine Schwester,
liebe Braut, du hast mir das Herz genommen
mit einem einzigen Blick deiner Augen,
mit einer einzigen Kette an deinem Hals.
Wie schön ist deine Liebe,
meine Schwester, liebe Braut!
Deine Liebe ist lieblicher als Wein,
und der Geruch deiner Salben übertrifft
alle Gewürze.

Von deinen Lippen, meine Braut,
träufelt Honigseim.
Honig und Milch sind unter deiner Zunge,
und der Duft deiner Kleider ist wie der
Duft des Libanon.

Der Liebesgarten

Meine Schwester, liebe Braut, du bist
ein verschlossener Garten,
eine verschlossene Quelle, ein
versiegelter Born.
Du bist gewachsen wie ein Lustgarten
von Granatäpfeln
mit edlen Früchten, Zyperblumen mit Narden,
Narde und Safran, Kalmus und Zimt,
mit allerlei Weihrauchsträuchern,
Myrrhe und Aloe,
mit allen feinen Gewürzen.
Ein Gartenbrunnen bist du,
ein Born lebendigen Wassers,
das vom Libanon fließt.

Steh auf, Nordwind, und komm, Südwind,
und wehe durch meinen Garten,
dass der Duft seiner Gewürze ströme!
Mein Freund komme in seinen Garten
und esse von seinen edlen Früchten.

Ich bin gekommen, meine Schwester,
liebe Braut, in meinen Garten.
Ich habe meine Myrrhe samt meinen
Gewürzen gepflückt;
ich habe meine Wabe samt meinem
Honig gegessen;
ich habe meinen Wein samt meiner
Milch getrunken.
Esst, meine Freunde, und trinkt
und werdet trunken von Liebe!

Mein Freund ist mein
und ich bin sein

Nachtgedanken

Ich schlief, aber mein Herz war wach.
Da ist die Stimme meines Freundes,
der anklopft:
»Tu mir auf, liebe Freundin, meine Schwester,
meine Taube, meine Reine!
Denn mein Haupt ist voll Tau
und meine Locken voll Nachttropfen.«
»Ich habe mein Kleid ausgezogen
– wie soll ich es wieder anziehen?
Ich habe meine Füße gewaschen
– wie soll ich sie wieder schmutzig machen?«
Mein Freund steckte seine Hand durchs
Riegelloch,
und mein Innerstes wallte ihm entgegen.
Da stand ich auf,
dass ich meinem Freunde auftäte;
meine Hände troffen von Myrrhe
und meine Finger von fließender Myrrhe
am Griff des Riegels.

Aber als ich meinem Freund aufgetan hatte,
war er weg und fortgegangen.
Meine Seele war außer sich,
dass er sich abgewandt hatte.
Ich suchte ihn, aber ich fand ihn nicht;
ich rief, aber er antwortete mir nicht.
Es fanden mich die Wächter,
die in der Stadt umhergehen;
die schlugen mich wund.
Die Wächter auf der Mauer nahmen mir
meinen Überwurf.

So ist mein Freund

Ich beschwöre euch, ihr Töchter Jerusalems,
findet ihr meinen Freund, so sagt ihm,
dass ich vor Liebe krank bin.

Was hat dein Freund vor andern
  Freunden voraus,
o du Schönste unter den Frauen?
Was hat dein Freund vor andern
  Freunden voraus,
dass du uns so beschwörst?

Mein Freund ist weiß und rot,
auserkoren unter vielen Tausenden.
Sein Haupt ist das feinste Gold.
Seine Locken sind kraus,
schwarz wie ein Rabe.
Seine Augen sind wie Tauben
an den Wasserbächen,
sie baden in Milch
und sitzen an reichen Wassern.

Seine Wangen sind wie Balsambeete,
in denen Gewürzkräuter wachsen.
Seine Lippen sind wie Lilien,
die von fließender Myrrhe triefen.
Seine Finger sind wie goldene Stäbe,
voller Türkise.
Sein Leib ist wie reines Elfenbein,
mit Saphiren geschmückt.
Seine Beine sind wie Marmorsäulen,
gegründet auf goldenen Füßen.
Seine Gestalt ist wie der Libanon,
auserwählt wie Zedern.
Sein Mund ist süß,
und alles an ihm ist lieblich. –
So ist mein Freund; ja, mein Freund ist so,
ihr Töchter Jerusalems!

»Wo ist denn dein Freund hingegangen,
o du Schönste unter den Frauen?
Wo hat sich dein Freund hingewandt?
So wollen wir ihn mit dir suchen.«

Mein Freund ist hinabgegangen
  in seinen Garten,
zu den Balsambeeten,
dass er weide in den Gärten
und Lilien pflücke.

Mein Freund ist mein und ich bin sein,
der unter den Lilien weidet.

Ich will dir meine Liebe schenken

Wie schön du bist!

Du bist schön, meine Freundin, wie Tirza,
lieblich wie Jerusalem,
gewaltig wie ein Heer.
Wende deine Augen von mir;
denn sie verwirren mich.
Deine Haare sind wie eine Herde Ziegen,
die herabsteigen vom Gebirge Gilead.
Deine Zähne sind wie eine Herde Schafe,
die aus der Schwemme kommen;
alle haben sie Zwillinge,
und keines unter ihnen ist unfruchtbar.
Deine Schläfen sind hinter deinem Schleier
wie eine Scheibe vom Granatapfel.

Sechzig Königinnen sind es
und achtzig Nebenfrauen
und Jungfrauen ohne Zahl.
Aber *eine* ist meine Taube, meine Reine;
die Einzige ist sie für ihre Mutter,
das Liebste für die, die sie geboren hat.
Als die Töchter sie sahen, priesen sie
sie glücklich;
die Königinnen und Nebenfrauen rühmten sie.

Wer ist sie, die hervorbricht
wie die Morgenröte,
schön wie der Mond,
klar wie die Sonne,
gewaltig wie ein Heer?

Erwartung

Ich bin hinabgegangen in den Nussgarten,
zu schauen die Knospen im Tal,
zu schauen, ob der Weinstock sprosst,
ob die Granatbäume blühen.
Ohne dass ich's merkte,
trieb mich mein Verlangen zu der Tochter
 eines Fürsten.

Der Hochzeitstanz

Wende dich hin, wende dich her,
o Sulamith!
Wende dich hin, wende dich her,
dass wir dich schauen!

Was seht ihr an Sulamith
beim Reigen im Lager?

Wie schön ist dein Gang in den Schuhen,
du Fürstentochter!
Die Rundung deiner Hüfte ist
wie ein Halsgeschmeide,
das des Meisters Hand gemacht hat.
Dein Schoß ist wie ein runder Becher,
dem nimmer Getränk mangelt.

Dein Leib ist wie ein Weizenhaufen,
umsteckt mit Lilien.
Deine beiden Brüste sind wie junge
Zwillinge von Gazellen.
Dein Hals ist wie ein Turm von Elfenbein.
Deine Augen sind wie die Teiche
von Heschbon
am Tor Bat-Rabbim.
Deine Nase ist wie der Turm auf dem Libanon,
der nach Damaskus sieht.
Dein Haupt auf dir ist wie der Karmel.
Das Haar auf deinem Haupt ist wie Purpur;
ein König liegt in deinen Locken gefangen.

Die Erfüllung

Wie schön und wie lieblich bist du,
du Liebe voller Wonne!
Dein Wuchs ist hoch wie ein Palmbaum,
deine Brüste gleichen den Weintrauben.
Ich sprach: Ich will auf den Palmbaum steigen
und seine Zweige ergreifen.
Lass deine Brüste sein wie Trauben
am Weinstock
und den Duft deines Atems wie Äpfel;
lass deinen Mund sein wie guten Wein,
der meinem Gaumen glatt eingeht
und Lippen und Zähne mir netzt.

Nur ihm gehöre ich!

Meinem Freund gehöre ich
und nach mir steht sein Verlangen.
Komm, mein Freund, lass uns
aufs Feld hinausgehen
und unter Zyperblumen die Nacht verbringen,
dass wir früh aufbrechen zu den Weinbergen
und sehen,
ob der Weinstock sprosst
und seine Blüten aufgehen,
ob die Granatbäume blühen.
Da will ich dir meine Liebe schenken.

Einladung

Die Liebesäpfel geben den Duft,
und an unsrer Tür sind lauter edle Früchte,
heurige und auch vorjährige:
Mein Freund, für dich hab ich sie aufbewahrt.

Wärst du doch mein Bruder!

O dass du mein Bruder wärest,
der meiner Mutter Brüste gesogen!
Fände ich dich draußen, so wollte ich
dich küssen
und niemand dürfte mich schelten!
Ich wollte dich führen und in
meiner Mutter Haus bringen,
in die Kammer derer, die mich gebar.
Da wollte ich dich tränken mit
gewürztem Wein
und mit dem Most meiner Granatäpfel.

Seine Linke liegt unter meinem Haupt,
und seine Rechte herzt mich.

Ich beschwöre euch, ihr Töchter Jerusalems,
dass ihr die Liebe nicht aufweckt
und nicht stört,
bis es ihr selbst gefällt.

Lege mich wie ein
Siegel auf dein Herz

Stark wie der Tod

Wer ist sie, die heraufsteigt von der Wüste
und lehnt sich auf ihren Freund?

Unter dem Apfelbaum weckte ich dich,
wo deine Mutter mit dir in Wehen kam,
wo in Wehen kam, die dich gebar.
Lege mich wie ein Siegel auf dein Herz,
wie ein Siegel auf deinen Arm.
Denn Liebe ist stark wie der Tod
und Leidenschaft unwiderstehlich
    wie das Totenreich.
Ihre Glut ist feurig
und eine Flamme des Herrn,
sodass auch viele Wasser die Liebe
    nicht auslöschen
und Ströme sie nicht ertränken können.

Wenn einer alles Gut in seinem Hause
um die Liebe geben wollte,
so könnte das alles nicht genügen.

Besorgte Brüder

Unsre Schwester ist klein
und hat keine Brüste.
Was sollen wir mit unsrer Schwester tun,
wenn man um sie werben wird?
Ist sie eine Mauer,
so wollen wir ein silbernes Bollwerk
darauf bauen.
Ist sie eine Tür,
so wollen wir sie sichern mit Zedernbohlen.

Ich bin eine Mauer,
und meine Brüste sind wie Türme.
Da bin ich geworden in seinen Augen
wie eine, die Frieden findet.

Glücklicher als Salomo

Salomo hat einen Weinberg in Baal-Hamon.
Er gab den Weinberg den Wächtern,
dass jeder für seine Früchte brächte
    tausend Silberstücke.
Mein Weinberg gehört mir.
Die tausend lasse ich dir, Salomo,
und zweihundert den Wächtern seiner Früchte.

Liebesruf

Die du wohnst in den Gärten,
lass mich deine Stimme hören;
die Gefährten lauschen dir.

Flieh, mein Freund! Sei wie eine Gazelle
oder wie ein junger Hirsch auf den
Balsambergen!

INHALTSVERZEICHNIS